SNEAKY PRESS

©Copyright 2023
Pauline Malkoun

The right of Pauline Malkoun to be identified as author of this work has been asserted by them in accordance with Copyright, Designs and Patents Act 1988.

A catalogue record for this work is available from the National Library of Australia.

ISBN 9781922641915

Sneaky Press is the imprint of Sneaky Universe.
www.sneakyuniverse.com
First published in 2023

Sneaky Press
Melbourne, Australia.

Das Buch der zufälligen Gehirnfakten

Sneaky Press

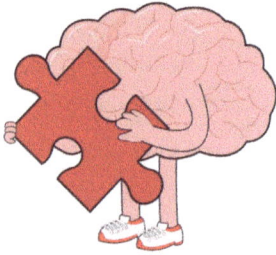

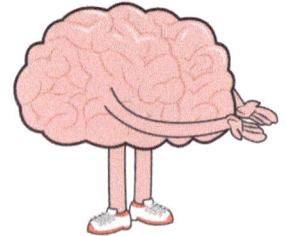

Inhalte

Zufällige Fakten über das menschliche Gehirn

Das durchschnittliche menschliche Gehirn ist 167 mm lang, 140 mm breit und 93 mm hoch.

Die meisten Menschen haben etwa 70.000 Gedanken pro Tag!

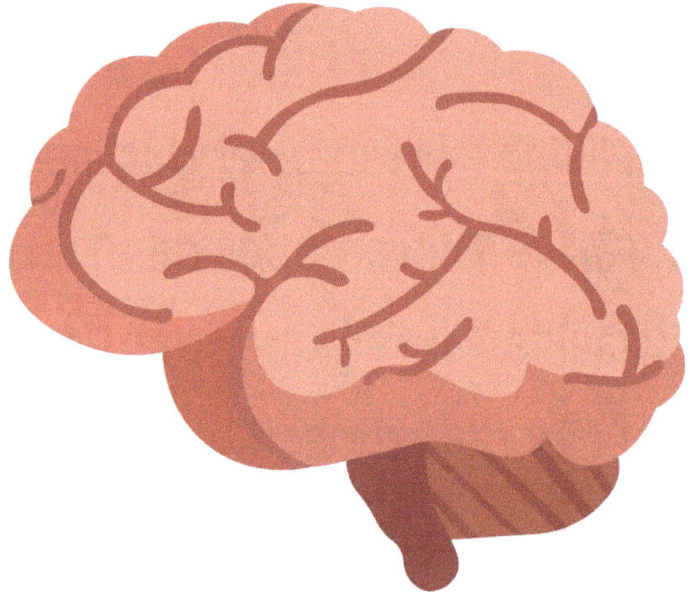

Das menschliche Gehirn hat etwa 100.000.000.000 (100 Milliarden) Neuronen - ja, 1 mit 12 Nullen.

Ein Fliegengehirn enthält nur 337.856 Neuronen - etwa 0,0003% der Anzahl der Neuronen in einem menschlichen Gehirn.

Das menschliche Gehirn verdreifacht sich im ersten Lebensjahr.

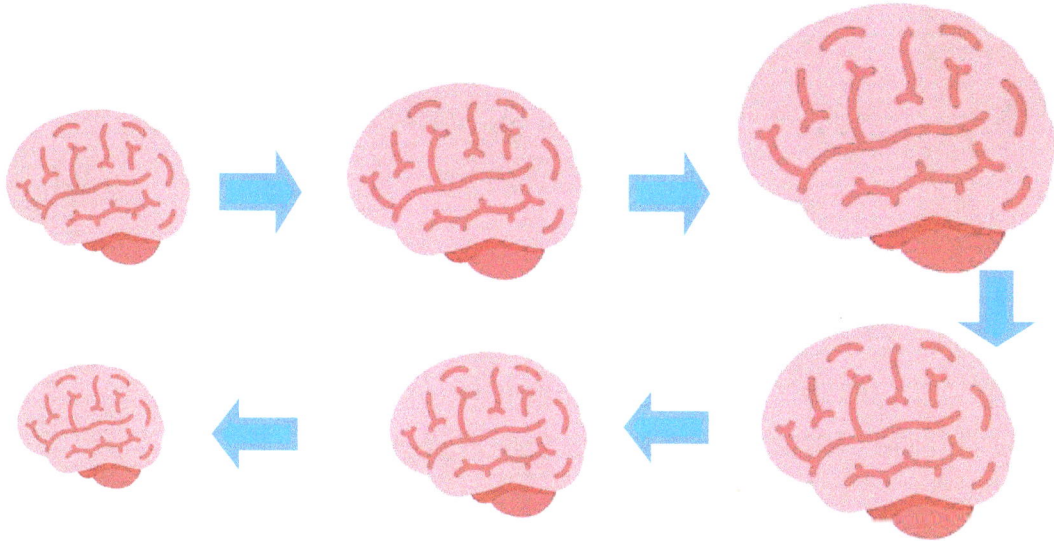

Das Gehirn schrumpft jedes Jahr nach dem 30. Lebensjahr
um ein Viertel Prozent (0,25%) in der Masse.

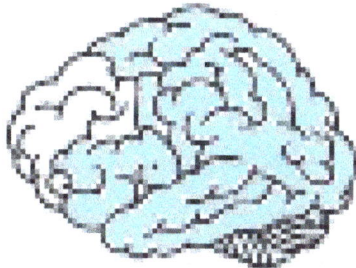

Etwa 75 Prozent des
menschlichen Gehirns
bestehen aus Wasser.

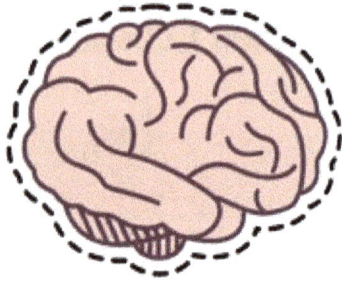

Durchschnitt

Kleiner als der
Durchschnitt

Das schwerste jemals aufgezeichnete
menschliche Gehirn wog etwa 2300 Gramm.

Das Gehirn eines Durchschnittsmenschen wiegt
etwa 1400 Gramm. Das Gehirn von Albert Einstein,
dem berühmten Physiker, wog 1.230 Gramm.

Der Verbleib von Albert Einsteins
Gehirn war über 20 Jahre unbekannt.

Der Pathologe, der die Autopsie
durchführte, stahl es und hielt es in
einem Glas.

Ein menschliches Gehirn verbraucht jeden Tag weniger Strom als ein Kühlschranklicht - 12 Watt Leistung.

Das ist die gleiche Menge an Energie, die in zwei großen Bananen enthalten ist. Obwohl dies sehr energieeffizient erscheinen mag, ist es ein Energiefresser.

Es macht nur 3 Prozent des Körpergewichts aus, verbraucht aber 17 Prozent der Gesamtenergie des Körpers. Es verwendet auch 15-20% des Sauerstoffbedarfs des Körpers.

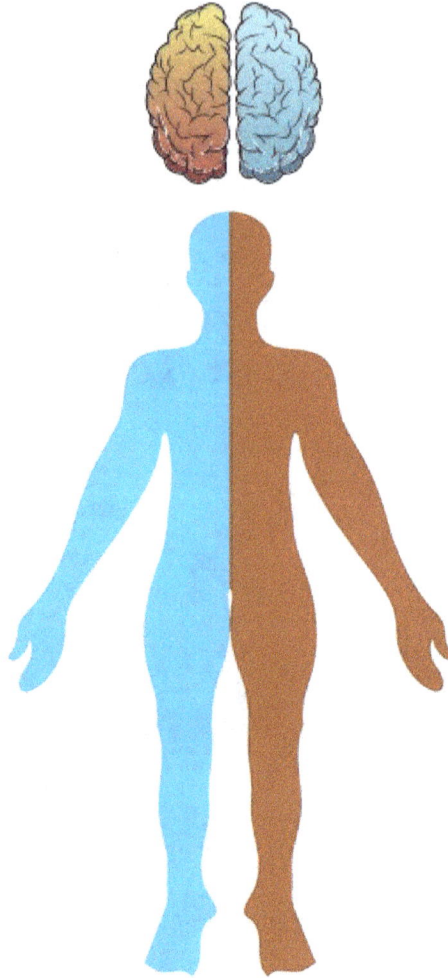

Die rechte Seite Ihres Gehirns steuert die linke Seite Ihres Körpers und die linke Seite des Gehirns steuert die rechte Seite des Körpers.

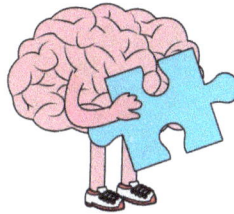

Zufällige Fakten über das Tiergehirn

Das Gehirn einer Arbeiterhonigbiene wiegt nur etwa 1 Milligramm.

Das Gehirn eines erwachsenen Koalas wiegt etwa 19 Gramm.

Ein durchschnittliches domestiziertes Katzengehirn wiegt etwa 30 Gramm.

Das Gehirn eines Weißen Hais wiegt weniger als 45 Gramm. Fast 20% dieses kleinen Gehirns für ein so großes Wesen sind dem Geruchssinn gewidmet.

Das durchschnittliche Gehirn eines Killerwals wiegt etwa 5.000 Gramm.

Ein durchschnittliches Elefantengehirn wiegt etwa 6.000 Gramm.

Das Tier mit dem größten Gehirn ist der Pottwal. Es wiegt etwa 9,00 Gramm.

Die Speiseröhre (der Teil des Körpers, der den Mund mit dem Magen verbindet) geht direkt durch das Gehirn eines Oktopus.

Zufällige Fakten über das Studium des Gehirns

Die Untersuchung der Struktur des Gehirns (und des Nervensystems) wird als Neurowissenschaft bezeichnet.

Psychologie ist die Untersuchung, wie das Gehirn das Verhalten beeinflusst.

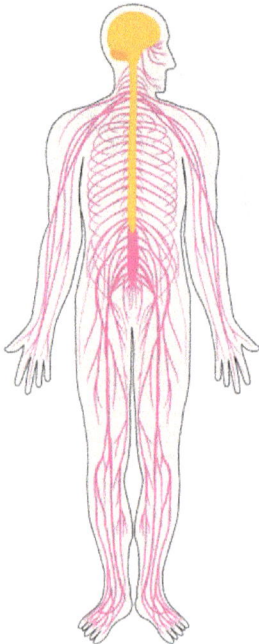

Das Gehirn ist ein Teil des zentralen Nervensystems, zu dem auch das Rückenmark gehört.

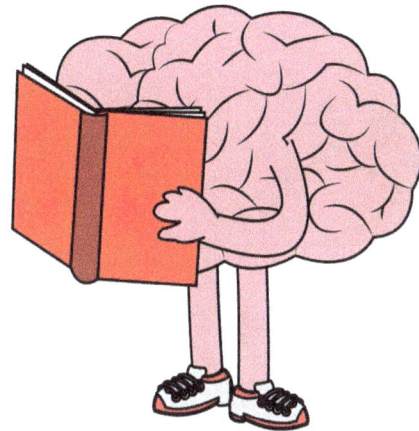

Es gibt über 7.000 Gehirne in einer Brain Bank in Harvard, die für die Forschung verwendet werden.

Es gab erfolgreiche Hirnoperationen bereits in der Steinzeit.

"Brain Freeze", der Kopfschmerz, den man manchmal bekommt, wenn man etwas Kaltes isst, hat den wissenschaftlichen Namen "Sphenopalatine Ganglioneuralgie".

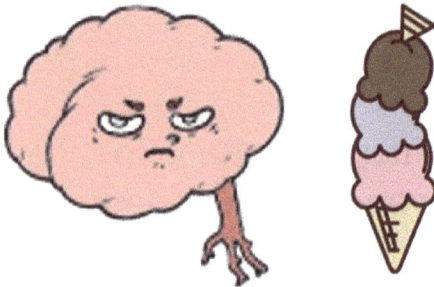

Elektrische Aktivität im Gehirn wurde erstmals im Jahr 1875 aufgezeichnet.

Das Gehirn produziert je nach Wachsamkeit einer Person eine Reihe von Hirnwellen.

Wenn Sie wach und aufmerksam sind, sind Ihre Gehirnwellen klein und häufig - diese Wellen werden Alpha-Wellen genannt.

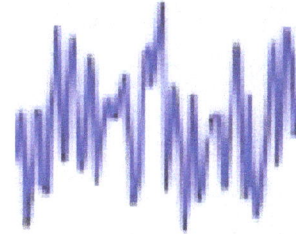

Wenn Sie fast einschlafen, sind Ihre Gehirnwellen höher und etwas langsamer - diese Wellen werden Theta-Wellen genannt.

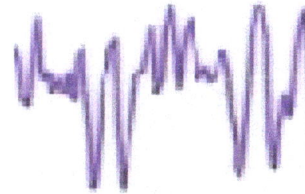

Wenn Sie tief schlafen, sind Ihre Gehirnwellen am höchsten und langsamsten - diese Wellen werden Delta-Wellen genannt.

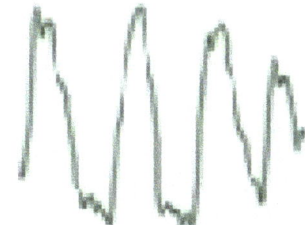

Alte Überzeugungen über das Gehirn

Schlaflosigkeit konnte geheilt werden, indem man ein Ziegenhorn unter den Kopf einer Person legte, während sie schlief.

Angstzustände, die durch schlechte Träume verursacht wurden, würden verschwinden, wenn eine Person der Sonne von ihren Träumen erzählte.

Das Einreiben von Milchzähnen mit dem Gehirn eines Kaninchens ist ein altes Volksheilmittel, von dem man glaubte, dass es Karies verhindert.

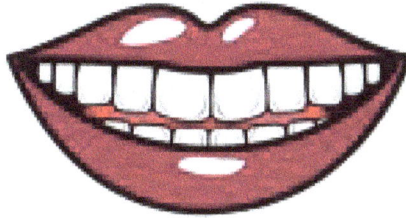

Der antike griechische Philosoph Aristoteles glaubte, dass das Gehirn ein Kühlgerät für den menschlichen Körper sei.

Weitere zufällige Gehirnfakten

Am 4. März 2001 blies der Neurochirurg Dr. Scott R. Gibbs zum ersten Mal einen 9-stöckigen Heißluftballon in Form eines Gehirns auf.

Der Dalai Lama hält ein Plastikmodell des Gehirns auf seinem Schreibtisch zu Hause

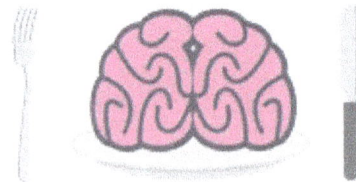

Es gibt über 100 Filme mit dem Wort *Gehirn* im Titel.

Im 3. Jahrhundert wurde gemunkelt, dass der römische Kaiser Elagabalus bei einer einzigen Mahlzeit 600 Straußengehirne serviert wurden.

Minerva war die antike römische Göttin der Weisheit und des Krieges. Sie war die Tochter von Jupiter und wurde geboren, als sie als Erwachsene in Rüstung aus Jupiters Gehirn sprang.

Ägypter würden normalerweise während des Mumifizierungsprozesses das Gehirn durch die Nase entfernen.

Die erste aufgezeichnete Verwendung des Wortes *Gehirn* wurde etwa 1700 v. Chr. Geschrieben.

William Shakespeare verwendet das Wort *Gehirn* 66 Mal in seinen Stücken.

Gehirn-Teaser

1. Ich werde nasser, je mehr ich trockne.

Was bin ich?

2. Ich habe ein Gesicht und zwei Hände, aber keine Arme?

Was bin ich?

3. Ich gehe jeden Tag hoch. Ich komme nie runter.

Was bin ich?

4. Ich habe viele Schlüssel, aber ich kann kein Schloss öffnen.

Was bin ich?

5. Ich habe einen Daumen und vier Finger, aber ich lebe nicht.

Was bin ich?

6. Ich bin voller Löcher, kann aber immer noch Wasser halten.

Was bin ich?

7. Ich folge dir und kopiere jede deiner Bewegungen, aber du kannst mich nie berühren oder fangen.

Was bin ich?

8. Ich bin ein Gebäude mit Tausenden von Geschichten.

Was bin ich?

9. Je mehr du von mir wegnimmst, desto größer werde ich.

Was bin ich?

10. Je mehr du von uns nimmst, desto mehr hinterlässt du.

Was bin ich?

Antworten auf Gehirn-Teaser

1. Ein Handtuch.
2. Eine Uhr
3. Dein Alter.
4. Ein Klavier
5. Ein Handschuh.
6. Ein Schwamm.
7. Dein Schatten.
8. Eine Bibliothek
9. Ein Loch
10. Fußabdrücke

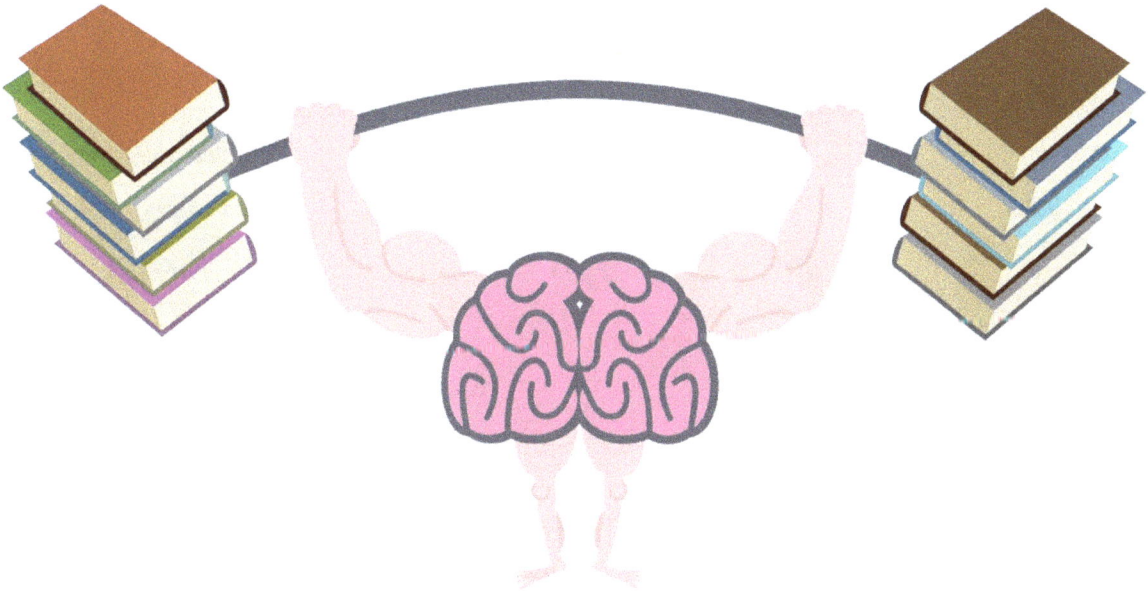

Weitere Titel in der Zufallswissen-Reihe

Das Buch der zufälligen Autofakten

Das Buch der zufälligen Flugzeugfakten

Das Buch der zufälligen Weltraumfakten

Das Buch der zufälligen Schlaffakten

Das Buch der zufälligen Sprachfakten

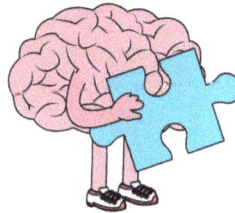

www.ingramcontent.com/pod-product-compliance
Lightning Source LLC
Chambersburg PA
CBHW080429030426
42335CB00020B/2653